Las Aventuras de Piper
La Jornada de Piper a su Nuevo Hogar
La Verdadera Historia de una Cachorra de Rescate

Dave Osborn

Las Aventuras de Piper
La Jornada de Piper a su Nuevo Hogar

La Verdadera Historia de una Cachorra de Rescate (Libro 1)

© 2024 Dave Osborn

Editorial Adriel

PRIMERA EDICIÓN

TODOS LOS DERECHOS RESERVADOS. Ninguna parte de este libro puede ser reproducido de ninguna forma o por cualquier medio, incluida la fotografía, xerografía, radiodifusión, transmision y traducción en cualquier idioma o grabación, sin permiso por escrito del editor. Los revisores pueden citar breves pasajes en artículos críticos o reseñas.

Impreso en los EE.UU.

Diseño de portada por Dave Osborn

ISBN: 979-8-9900885-4-2

www.DaveOsbornBooks.com

Dedicación

Este libro está dedicado a la Sociedad Humanitaria para Caninos junto con los miles de refugios de rescate y sociedades protectoras de animales de todo el mundo que rescatan animales abandonados y callejeros.

El conseguirles un hogar adecuado a estos animales demuestra generosidad y compassion desinteresada de su personal y voluntarios, al igual enriquece enormemente la vida de sus familas adoptivas.

Prólogo para Padres

La Jornada de Piper a Su Nuevo Hogar es una verdadera historia que tiene un final feliz. La mayoría de adopciones de perros de rescate, especialmente los refugiados, no tienen un buen final.

Las estadísticas de la Sociedad Americana Humanitaria para Caninos revela que de todos los perros adoptados de los refugios, solo un poco mas del 20% serán devueltos al refugio en un plazo de seis meses, y solo el 50% de ellos que fueron regresados al refugio no encuentran un hogar permanente. Los nuevos dueños, simplemente no están preparados para tener el tiempo, la paciensa ni la energía que se requiere para cuidar un cachorro o un perro adulto de rescate o tener que volver a entrenar al cachorro o un perro adulto. Los padres adoptivos se frustran y se dan por vencidos muy pronto.

La Jornada de Piper a Su Nuevo Hogar fue escrito para educar a los adultos y niños potenciales de rescate sobre lo que se necesita para tener una adopción satisfactoria y reducir el número de animales que sean devueltos al refugio.

Con mucha paciencia y esfuerzo, la adopción de un perro o cachorro puede llegar a ser una experiencia tan gratiaficante que el amor que reciben del los caninos es dificil de comprender, "amor sin condiciones".

Capítulo 1

Sin Hogar, con Frío y Mojada por la Lluvia

Hacía frío y yo estaba mojada por la lluvia y enlodada. Mientras mis hermanos y yo estabamos acurrucados junto a nuestra madre manteniendonos abrigados, pensaba en el hambre que yo tenía.

No estoy segura, pero ayer encontré algunas plantas para comer. Mi madre no tenía suficiente leche para todos nosotros así que tuvimos que buscar algo de comer en otros lugares.

Sin un hogar donde vivir, nos refugiabamos en zanjas y alcantarillas. Yo no queria ir sola a buscar comida porque habian mapaches y me harian daño.

Comía cualquier cosa que encontraba compartiendo con mis hermanos.

De vez en cuando encontrabamos ardillas y pajaros muertos y los comiamos solo para mantenernos con vida.

En muchas ocasiones estos animales estaban podridos, con gusanos y mucho mas, pero teniamos que comerlos.

No sabía cuánto tiempo tenía para vivir. Estaba enferma, me sentía muy mal, no podia retener lo que comia, y no tenía fuerza para levántarme y caminar. Si un mapache me encontraria no podria protejerme.

Vi a una señora afuera de su casa. Si tan solo pudiera alcanzarla, tal vez ella me daría algo para comer.

Capítulo 2

¡Un Descanso del Frío y la Humedad!

Como estaba tan débil, fuí demasiada lenta, y la señora se regreso al patio exterior de su casa antes de que pudiera llegar a ella.

De alguna manera pude dar un ladrido débil, y ella volteo a verme. Se acercó, me acarició y me llevo a su casa.

Recuerdo lo bien que se sentía no tener frío, la señora me limpió mis patas y me secó antes de darme algo de comer en un tazón.

En eso me di cuenta que habian tres perros mirándome. La comida que me dió la señora estaba deliciosa, pero no la pude retener en mi estomago por mucho tiempo.

La señora era amable y limpio todo y me dio agua. Tenían tres perros grandes y no tenian espacio para otro.

La señora dijo que yo era linda, y que le gustaria encontrarme un hogasr verdadero.

Capítulo 3

¡Una Pequeña Oportunidad de Tener un Hogar Verdadero!

Su marido estubo de acuerdo que me quede con ellos dos o tres días más, pero nada mas.

Mientras tanto, yo tenía un lugar cálido para dormir, ser mimada y poder alimentarme sin tener que comer comida podrida.

La señora volvió a casa al día siguiente y le dijo a su marido que había encontrado a un amiga que queria adoptar un cachorro de rescate.

Su familia había tenido un perro anteriomente, pero habían pasado muchos años y ahora les gustaria tener una mascota nuevamente.

¡No podía creer lo que oía! La dama me limpió para que me viera lo mejor posible, Y cuando su amiga vino a conocerme trajo a su esposo.

En ese entonces supe que tenía la oportunidad de tener un hogar y es por eso que me porté bien.

Capítulo 4

¡Tengo Suerte!

La amiga de la señora, llamada Marilyn, me abrazó y me acarició mi piel. Yo no estaba completamente limpia, y no podía caminar muy bien, pero yo me sentía mejor de lo que estaba antes de ser rescatada.

El esposo de Marilyn, Dave, también me acarició. Cuando Dave y Marilyn aceptaron adoptarme, yo estaba tan emocionada y feliz, que hasta lloré y gemi de alegría. En ese momento supe que viviria.

Pensé en mis hermanos, ellos se fueron a buscar comida sin mí. Nunca más los volví a ver.

Dave me recogio, y yo estaba muy emocionada de ir a un verdadero hogar.

Cuando me subí al auto de Dave y empezó a moverse, no pude retener mi comida y ensucié todo el asiento delantero.

Tenía tanto miedo de que Dave hiba a decir que no me quería, pero me llevó a su casa y me limpió suavemente y luego limpió su auto. Sabía que eran buenas personas y que cuidarían de mí y que mi salud mejoraría.

Lo primero que dijo Marilyn cuando Dave.

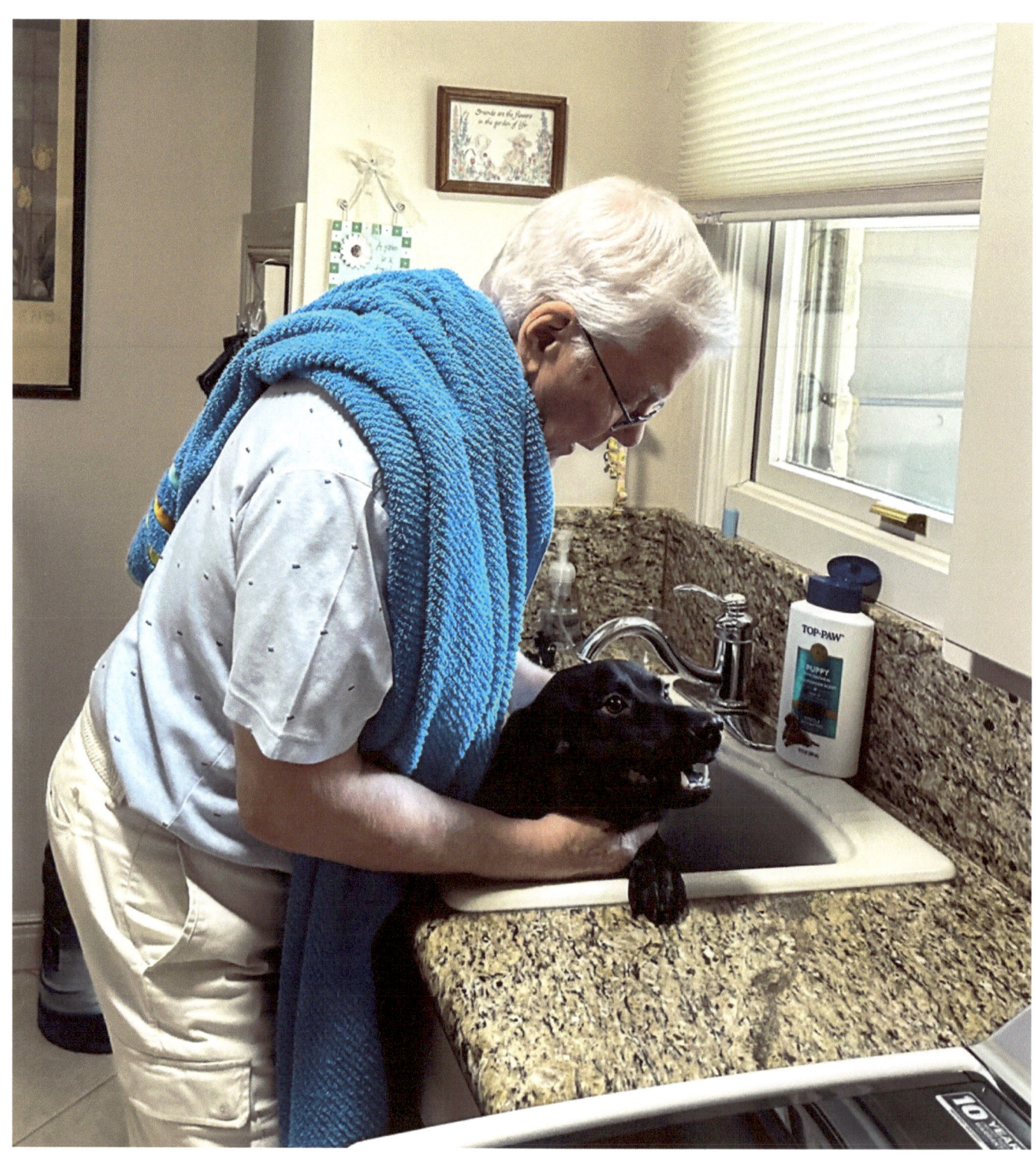

Capítulo 5

¡Por Fin Tengo un Hogar!

Dave me baño en un lavatorio grande y por primera vez en mi vida me sentí limpia. Me sentía tan bien.

Marilyn llenó un tazón con agua mientras que Dave llenaba un tazón con comida.

Estaba muy rico aunque no pude retener la comida. Más tarde, Marilyn me dio una costilla con un poco de carne y me llevó al patio. Estaba deliciosa.

Todavía no me sentía bien y Dave me llevó con la Dra. Shelly Mitchell, una veterinaria. La Dra. me examino, pero ella no estaba contenta con mis resultados.

Le dijo a Dave que me estaba muriendo de hambre y tenía gusanos en el estomago de tanto comer comida podrida. Los gusanos se estaban comiendo la comida mas saludable que yo comia, sin dejarme nada. Solo pesaba 16 libras, y la Dra. Shelly dijo que debería pesar alrededor de 30 libras.

La Dra. Shelly luego le dio a Dave bastantes píldoras y medicinas y le explico como administrarlas, y le informó que me hiba a mejorar pronto.

Empecé a sentirme mejor al día siguiente. Me sentia más fuerte y podia levántarme y caminar mejor. Pude retener mi comida ese día, y empeze a subir de peso.

Empecé a sentirme muy bien por primera vez, y fué muy agradable tener un lugar cálido y seco para dormir de noche.

Después de una semana ya no tenia gusanos, y retenía todo lo que comia.

Rápidamente llegué a amar a Dave y a Marilyn por rescatarme y darme un hogar maravilloso.

Capítulo 6

Cosas que Tuve que Aprender en Mi Nuevo Hogar

Una de las primeras cosas que tuve que aprender, es de no usar el baño en la casa. Cuando vivía en la zanja, eso no importaba. Vivir en una casa es diferente.

Dave me llevó a un lugar en el patio interior y me enseñó a ir al baño en un sitio designado. Él me sacaba para usar el baño muchas veces al día y pronto aprendi donde debería usarlo.

Un día tenía que ir al baño, Dave no me había sacado todavia, entonces ladré y me fui a la puerta del patio interior.

Dave estaba contento conmigo por avisarle que tenía que ir al baño y el habrió la puerta del patio y me llevó al lugar designado.

Cada ves que necesitaba usar el baño, me hiba a la puerta del patio y ladraba y Marilyn o Dave venian a abrirme la puerta. Sabía donde ir y lo que tenías que hacer por mi cuenta.

Todas las mañanas, Dave y yo vamos a caminar. Me ayuda a fortalecer los músculos de mis piernas. A veces saludamos a los vecinos y conversmos con ellos.

Estoy acostumbrada a caminar con Dave con una correa. Me gusta mucho ver a los niños caminando a la escuela, siempre quieren acariciarme y me encanta ser acariciada por los niños del barrio!

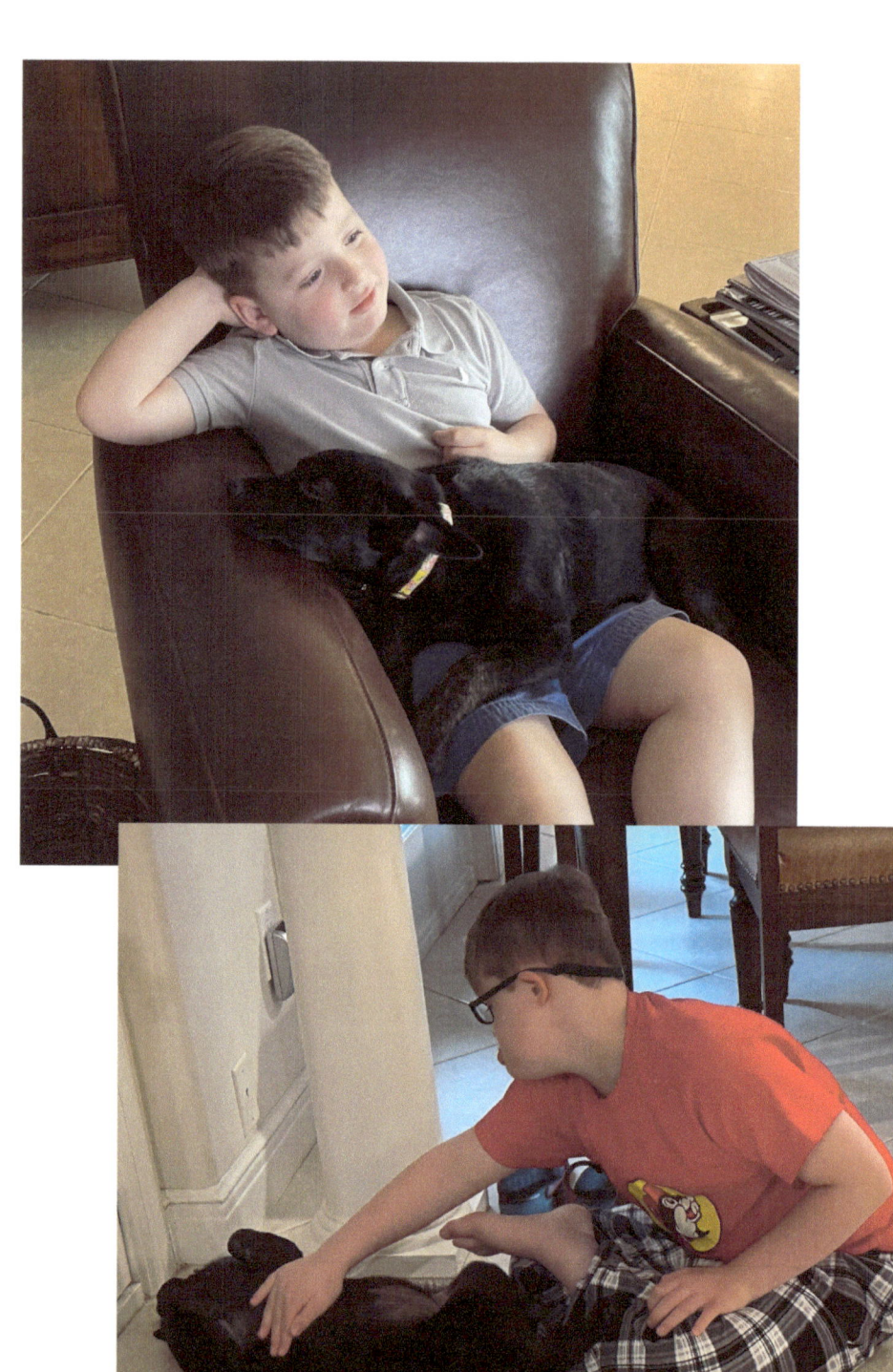

Capítulo 7

Conozco a la Familia

Conocí a los nietos de Dave y Marilyn - Joshua y Welles, que vinieron a visitar el fin de semana con sus padres - Matt y Dara.

Matt es el hijo de Dave y Marilyn, y Dara es la nuera. Ellos son muy agradables y estaban contentos de conocerme.

Dado de que Joshua y Welles son jóvenes como yo, la pasamos muy bien. Welles me llevó a pasear con Dave y también me cepillo mi pelaje para hacerlo suave y liso.

Joshua pasaba mucho tiempo acariciandome y jugando conmigo. Yo estaba tan feliz de conocer al resto de mi nueva familia.

Aprendí a amar a Joshua y a Welles, ¡Y ellos también aprendieron a amarme!

También conocí a Jaime, la hija de Dave y Marilyn. Es maestra, quiere decir alguien que ayuda a otros a aprender. Jaime enseña a los niños pequeños y ella me dijo que a menudo lee libros sobre perros a sus alumnos. Tal vez algún día les leerá un libro acerca de mi.

Capítulo 8

Jardín Infantil de Cachorros

Dave me inscribió en un entrenamiento de cachorros de una tienda de mascotas locales.

Al principio tuve miedo. Fuimos a un edificio grande, con luces brillantes y muchos estantes. No estaba segura de lo que era al principio, pero Dave me explicó que era una tienda que tenía muchas cosas para perros, gatos y otras mascotas.

Dave dijo que iríamos a un lugar de eventos especiales, donde entrenan a los cachorros llamado " Jardin Infantil de Cachorros. " Fue muy divertido, y yo apprendí a "sentarme", "agacharme", "quedarme" en un sitio, "esperar" y "dejar" las cosas. Yo estaba tan orgullosa cuando me gradué.

Dave también estaba contento, pero dijo que todavía necesitaba ir a la "escuela secundaria para cachorros" para aprender a no saltar sobre la gente al conocerlos y aprender a caminar con correa.

¡Será divertido, estoy anciosa de empezar!

Capítulo 9

Aprendo Quién Soy

Dave pidió una prueba y tomó una muestra húmeda de mi boca con un palito con algodón. Luego mandó el palito por correo. Despues me enteré de que estaba haciéndome revisar para ver qué tipo de perros, mis padres y abuelos fueron.

Las respuestas llegaron, y parece que tengo varios tipos diferentes de perros en mi familia.

Mi familiar más cercano es un Pastor Alemán. El Pastor Alemán suele ser muy inteligente y bueno con los niños, son buenos protectores y trabajadores.

Sí, todas esas cosas son ¡como yo!

Mi próximo miembro de la familia es un Perro Chino. Los Perros Chinos son limpios, fácil de domesticar, no tienen mucho olor a perro, y son muy leales y protectores.

Sí, todas esas cosas son ¡como yo también!

Mi próximo miembro de la familia es un Perro Americano Bulterrier. La gente ha encontrado que los Bulterriers son juguetones, testarudos, devotas, enérgicos, y traviesos.

¡Me gusta meterme en travesuras también!

Finalmente, mi último miembro de la familia es un Labrador Retriever. El Labrador es conocido por ser adorable, cariñoso, bueno con los niños, bueno con otros perros, y enérgetico.

Y lo adivinaste, todas esas cosas ¡son como yo también!

Cuando Jaime, Dave y Marilyn, vieron el reporte, Jaime, se rió y dijo: "Es por eso que Piper tiene una oreja parada y la otra caida! Su oreja "parada" es su oreja de Pastor Alemán, y su oreja "caida" es la oreja del Labrador Retriever.

Esto hace que me vea diferente a cualquier otro perro en el mundo, y me encanta.

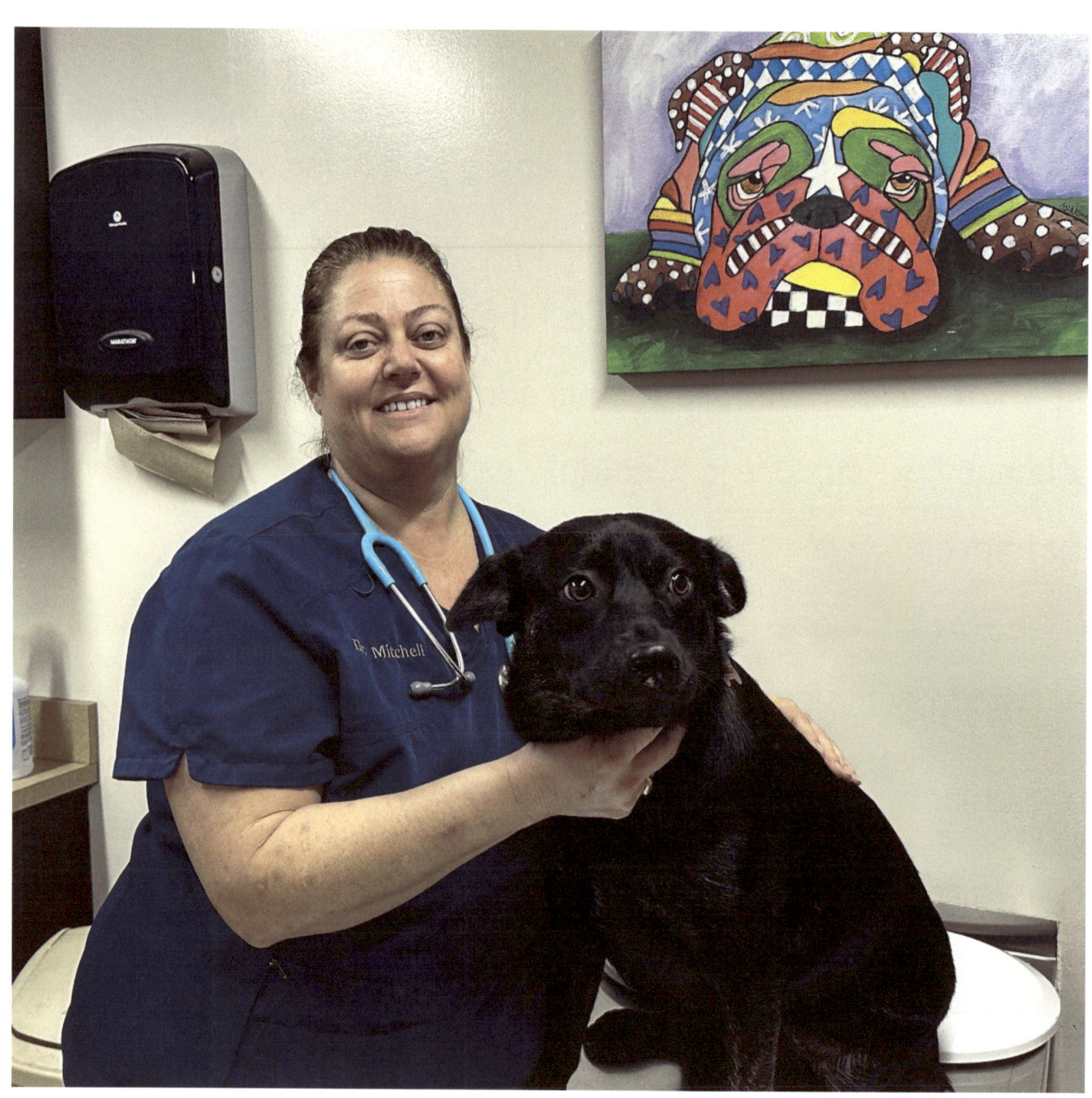

Capítulo 10

Más Tiempo con la Dra. Shelly

Unos meses después, Dave y Marilyn fueron de vacacion y me dejaron en la perrera de nuestro veterinario y me cuidaron mucho mientras ellos estaban de vacación. Yo quiero mucho a la Dra. Shelly, y ¡nos llevamos muy bien!

Sin embargo, me alegré mucho al ver a Dave cuando me recogió, pero tambien disfruté de mi tiempo en la perrera.

Mientras estaba en el veterinario, la Dra. Shelly me "arregló" para que no tenga cachorros. También me puso una "ficha" en mi hombro por si me pierdo. Toda mi informacion esta en esa ficha. El que me encuentre puede llamar a Dave o a Marilyn para que me recojan.

Yo quiero mucho mi casa y mi vecindario, así que no quiero perderme nunca.

Capítulo 11

¡Ahora Estoy Muy Bien!

Ahora estoy creciendo tal como debo. Todos los días yo como alimentos saludables y si hago lo que debo me gano una golosina deliciosa. Alcansé mi peso normal y ahora peso cuarenta y nueve libras.

Hago mis ejercicio de caminar todos los días, y corro por mi patio varias veces al día. Apenas podía caminar cuando llegué a mi nuevo hogar, pero ahora estoy mucho mejor.

Gano mi alojamiento y comida protegiendo mi nuevo hogar, y hago un excelente trabajo todos los días. La vida es buena. Soy un perro muy afortunado y amo a mi nuevo hogar.

Estoy esperando anciosamente mi proxima aventura – ir a una escuela de perros de terapia para aprender a ayudar a personas que necesitan consuelo y ayuda, tal como yo lo necesité cuando era joven.

¡Pero esa es otra historia!

Dave Osborn

Jubilado en negocios ejecutivos, Dave esta siguiendo una pasión de por vida hacia la escritura y tiene varios proyectos en mente para el futuro en publicaciones en línea (de internet) y fuera de línea.

También le apasionan los perros, así que asegúrate de buscar más libros sobre sus aventuras con Piper, su compañera y perra de rescate.

Dave es miembro de la Junta Directiva de la Sociedad Americana Humanitaria para Caninos. Uno de sus pasa tiempos favoritos es navegar y tiene el certificado de navegación de los Estados Unidos e Internacional.

A Dave también le gusta pescar en la bahia y la cazeria de aves en el Sur de Tejas y es un gran maestro cocinando en la parrilla. Además, es un fanático de la música Bluegrass y disfruta tocando el piano, la guitarra y el banjo de cinco cuerdas.

Dave tiene una licenciatura en Ciencias de Stephen F. Austin State University en Nacogdoches, Tejas, y una Maestría en Administración de Empresas de Texas Christian University en Ft. Worth, Tejas.

Reside en Harlingen, Tejas, con su esposa Marilyn y su perra rescatada Piper. Él y su esposa, tienen dos hijos adultos y dos nietos que residen en Houston.

Reconocimiento del Autor

Aunque mi nombre esta en la portada de este libro, yo no hubiera podido escribirlo sin la ayuda de las siguientes personas:

· Marilyn Osborn, Senior Profesora de Inglés, Decana de Estudiantes y Directora de Escuela, por su ayuda en la estructura, redacción e ideas de las fotos;

· Jaime Osborn, Maestra de Jardín de Infantes y especialista de Lectura, por su ayuda pude nivelar el vocabulario y estructura de las oraciónes;

· Matt y Dara Osborn por sus muchas reseñas y sugerencias sobre la elaboración de los capítulos para los hitos;

· Joshua y Welles Osborn por su ayuda a mantener ocupada a Piper mientras que el resto de nosotros trabajamos en el libro;

· Dra. Shelly Mitchell, Veterinaria de Arroyo Hospital, por el excelente cuidado y tambien mantener a Piper saludable;

· Y por último, la mas importante, Piper Osborn, ¡Quién es la mejor compañera imaginable!